平成相聞歌

～メールで恋の歌を～

10周年記念作品集

発刊に寄せて

若者が集う文化のまちうたづ実行委員会会長
香川短期大学学長　石川　浩

わが国最古の万葉集、その約４割は相聞歌で、その中でも恋の歌が9割以上を占めています。歌という表現手段を手にした万葉の人々は、心の赴くままに自由に自らの想いを詠い上げげました。これにヒントを得て、携帯電話やスマホ、パソコンのメールという表現手段を手にしている現代の人々に、恋に関する想いを自由に表現し、メールで投稿してもらおうと考えたのが、宇多津町（教育委員会）と香川短期大学が共催する「平成相聞歌～メールで恋の歌を～」コンテストです。平成19年度から全国公募を開始し、今年度めでたく10周年を迎えました。これを記念して、これまでの入賞作品を集めて刊行したのが本書です。最優秀作品については、香川短期大学生制作のイメージ画も収録しています。また、最優秀賞・優秀賞作品については、歌碑に刻み、うたづ今昔ロマン街道の通称、桜通りおよび欅通り上に配置しています。現代の恋の歌やイメージ画を鑑賞し、歌碑ロードも散策していただければ、望外の幸せです。

ごあいさつ

宇多津町長　谷川　俊博

万葉の時代、恋する男女の思いを伝える手段は主に「ふみ」でした。

平成の現代、若者が集う文化のまちうたづ実行委員会におかれましては『恋人の聖地宇多津 平成相聞歌～メールで恋の歌を～』として老若男女が昼夜を問わず自由にその想いを伝えようと「電子メール」により、恋の歌の作品を募集をされてまいりました。そして昨年、節目となる第10回を盛会に終えられ、このたび平成相聞歌記念作品集を発行されましたことに心よりお慶び申し上げます。また、これまでに国内外から3万6747作品を応募いただいた皆様に対しまして、厚くお礼申し上げます。

万葉時代と現代では婚姻の制度や男女の出会い方に違いはありますが、「会いたい」という恋の感情は現代も変わらず共通しているのではないでしょうか。皆様におかれましては、今後も家族や恋人をはじめ、愛する人への想いを素直に伝えていただければ幸いです。

終わりに、開催当初から長年にわたりご尽力いただいております若者が集う文化のまちうたづ実行委員会、香川短期大学の皆様に対しまして厚くお礼を申し上げますと共に、皆様の今後一層のご活躍を祈念いたしましてごあいさつとさせていただきます。

「十年の歩み」恋は生きる力

選考委員　田中　美智子

文化庁支援事業、「平成相聞歌〜メールで恋の歌を〜」が、恋人の聖地に認定された宇多津町「若者が集う文化のまちうたづ実行委員会」主催で始まった。十年前のことである。

・人ごみに紛れて繋いだ君の手を離すもんかと決めた夏の日

初年度は、どのような歌が、どのくらい集まるのかと期待と不安だった。が、応募作品は初々しく、そこには真摯に生きる若者の姿があった。

・オリオンの話をやめてキスをして

若者のみならず、青春時代の回想や、いたわり合う家族詠には、ほのぼのとしたものが多かった。

・在りし日の父の背中を流すよに母はやさしくお墓をあらう

挽歌は究極の相聞歌といわれるが、この挽歌には心打たれた。歌の中に亡き父が厳然と存在しているからだ。時代が変わっても、人を想う気持ちは変わらない。「恋は生きる力」。エネルギーに満ちた歌をお寄せいただきたいものである。

目次 ―― 平成相聞歌10周年記念作品集

第1回　入賞作品

最優秀賞

人ごみに紛れて繋いだ君の手を
離すもんかと決めた夏の日

武田麻奈美

イラスト／西内 由依乃
（香川短期大学ビジュアルメディアデザインコース）

優秀賞

背の低いところが好き…とあなたは言った。
無理して履いてたハイヒール…
あなたはぬがせてやわらかな地面に下ろした。

高岩妙子

恋をして　海より深き　青を見る

菅沼名津季

ねぇ　木枯らしが　何故吹くのか　わかったよ。
散り散りになった落ち葉たちを寄り添わせる為なのね。
…逢いたい。

みくり

枕辺の着信灯をわが身よりあくがれいづる魂と見よかし

得丸公明

赤い糸きりきり結び卒業す

出雲のお国

特別賞

おかしいなぁ君が居ないとつまんない

飛田鈴花

メール見て声聴きたくて電話する

結木静

思い出の町宇多津の町
青い海辺のイベントに
二人で行けば嬉しいね
きらきら光るガラス館
貴男のお國はどこでしょう
オルゴールの音も聞こえるよ
二人で鳴らす愛の鐘

近井あさ

今日新しいグラスを２つ買いました。

大友富月

《パパと結婚する！》
懐かしい？
よく言ってたよね。
ねぇ父さん？
今私は、純粋な心で、人を愛して居ます。
その人はね…キラキラした瞳を持つ、
すごくお父さんに似ている人なんだ。

愛娘

君の嘘　ひとつ許して恋兆（きざ）す

吉田順子

ひさしぶりに会える、あなたと待ち合わせ。
携帯電話がうれしそうに身震いする。
「もうすぐ着くよ」あなたからのメール。
この瞬間が
私の人生の最高に幸せの時間です。

はじめ

おばあは寒くないか？
余命２カ月を宣告された祖父の口から出たのは
病弱な祖母を気遣う言葉。
無口な祖父の
最愛の人へのメッセージは
60年分の深い深い愛情でいっぱい。

マカダミア

初デート　離れて歩く　我の手を　不意に掴んで　赤信号走る

青春ランナー

あなたのためにに作ったフォルダーが、
今でも残っています。
あなたから届いた
何気ない小さな幸せを感じたメールを、
消せずにいます。
まだ待っていてもいいですか？

岡川佳太

四国新聞社賞

君と出逢ってから一人寂しい夜は
ケータイを抱きしめてベッドにもぐるの
もうすぐ聴こえる
君の声トゥルル　トゥルル――『もしもし』

明日香

携帯を握りしめて眠る夜は、いつもあなたの夢をみます。
夢の中で私を抱くの。
あなたの胸は温かで優しく私を包んでくれる。
夢の中で囁いて。
「愛してる」と囁いて。

寺林佳子

恋愛が上手になってまだ未婚
嗚呼これ以上我慢できない
自分にブレーキが効かない

かみーる

私をこれ程までにスピード違反させるあなた
逮捕してもいいですか

こころ

終電に駆け込む日々を繰り返すそれならいっそ一緒になろう

大作道子

第2回　入賞作品

最優秀賞

誰にもいえないふたりになって、
月の光を編むような、
恋がはじまる。

佐藤智栄

イラスト／松家 若菜
（香川短期大学ビジュアルメディアデザインコース）

優秀賞

ひとことの挨拶さえも宝物何度も見返すあなたのメール

村上智香

マウンドの水まきホースの先にある小さな虹を君に見せたい

いちごの国

つなぐ手に想いの伝う遠花火

字引章

この町の　この駅前の　このマック

あの夏の雨　この傘の下

芹沢由紀夫

天の川　僕ならきっと　泳ぎ切る　　田中克則

特別賞

並んで座ったホームベンチ
恥ずかしくて真ん中においた鞄が
僕たちのもどかしく甘酸っぱいキョリでした　　ももいろほっぺ

髪触られたわたしは林檎。
ごめん、顔あげられないや・・・・　　蝶

一緒に住もう…
初めて私は自分の耳を疑った。
そして、歯ブラシをもう一本買いに行った。

エビ

かあさん、かあさん、かあさん　どうしてか、
腹が立って、指が震えてでたらめに、
誰でもいい、ツナガッテ
振込めサギなんかじゃない
かあさんつい、今さっき、親父がそっちへ逝きました

カルロス

ほろ苦き　君が残したコーヒーに　ミルク混ぜれば　渦巻く心

マイ

ボール蹴る君の姿が眩しくて逢いたい気持ち我慢する　なむ

二人で付けに行った南京錠。
固く結ばれた気持ちは、
まるで何度も交わした愛の証。
今でも鍵の様に秘密の関係。　西川友美子

携帯メールのやり方を祖父に教えたら
祖母に
〃今だから言うけど初恋の相手はお前だった〃
とメールで告白してました。
見ててほのぼのしました。　鷲尾愛子

携帯が二人をつなぐ伝書鳩愛のことばを届けてくれる　有田佑菜

愛という　針に想いの　糸通し
二人で描く　未来予想図　ともちん

四国新聞社賞

砂浜の足跡消してその波は優しく二人を見守っている　夜来

初雪を写メールにして送ります二人で過ごす初めての冬　ひいらぎ

もし君が
花ならば支える根になる
鳥ならば癒やす木になる
火ならば励ます油になる
光ならば引き立てる闇になる
空ならば涙を受け止める海になる
人ならば隣で笑いあえる人になる

中山ぽん

いたずらで我が子に
つながされた
俺と妻の手
ドキドキした。

保一

街でいちばん高いタワーの赤い点滅、みつめてる。
あなたを思って。
ぴかぴか光が灯るたび、
恋も命も永遠でないこと、知らされる。
だから、いま、会いたい。

ハニー

第3回　入賞作品

■最優秀賞

不可能を可能に変えた青い薔薇
百万本を貴女の窓辺に

鎌田誠

イラスト／中西 健太
（香川短期大学ビジュアルメディアデザインコース）

優秀賞

あなたを好きになって
私の笑顔が増えました
たあた

サフランの　香りの中で　溶けてゆく
二つの肌色　四つの瞳
真理子

ケータイが　つなぐ二人の　糸電話
鉄琴サジタリウス

過去も未来も抱き上げて、
つれて行って。
恋する乙女

もぎたてのレモンを切れば音立てて恋の予感の飛沫飛び散る

小田中準一

■特別賞

彼からの　メールを待つうち　熱くなる
携帯電話と　私の気持ち

あかね

携帯メールがなかったら
きっと会う事出来なかった。
私は全聾だから。
携帯メールが初めて出た時、
貧乏な貴方が私と連絡する為に
携帯を買ってくれたの嬉しかったなぁ。

いのっち

華やいだ声で待ち合わせる場所を
指定せられて
もう舞い上がる

安田翔光

手のひらに乗せた粉雪溶けて消え
そんな気がして言えぬ「好きです。」

涼鈴

抱かれて　はじめて聴いた　胸の鼓動
私だけが感じる
永遠のリズム

知念奈美子

はなれていても
心はつながっているあなたと私
熱い想いがつれてきた恋人の聖地
肩寄せ合う宇多津の街
二人は恋人

橘弘美

誕生日、ナマモノ届く…との彼からのメール。
届いたものは彼でした。
香川と佐賀で遠距離恋愛の私にとって
何よりも嬉しい誕生日プレゼントとなりました。

はっちぃ

天文少年だった夫が
40年待った空
左手をかざし
薬指で受けた
ダイヤモンドリング

日食ハンタ

刻まれる　野菜の音全部が　愛の歌

横山真樹

右側に　あなたのいない　冬が来る

ハートブレイカー

四国新聞社賞

その瞬間がわかったよ。
あなたの瞳が輝いた
恋の始まりの瞬間

めぐみ

愛する我が子達へ…
毎朝、寝坊なパパを起こしてくれてありがとう。
朝からみんなの顔を見て起きると、
パパ１日頑張れます。

亜衣

ヒグラシの　声に重ねる　せつなさが
溢れて止まぬ　夏の終わりに
下弦の月

病床の　ケータイメールで　ひとときを
しばし楽しむ　妻とのデート
宮越良彦

校庭にフォークダンスの手をとりし君がひとみを忘れかねつも
小倉則男

第4回　入賞作品

最優秀賞

流れ星　お願い事は　ただ一つ
ずっとあなたと　一緒にいたい

今井貴之

イラスト／山﨑 浩美
（香川短期大学ビジュアルメディアデザインコース）

優秀賞

キミとボク　距離を縮める　急な雨

シンゴ

笑顔は　幸せを呼ぶ魔法

みほ

ふるさとの匂いする人好きになりあなたのそばが私のふるさと

ひりゅうず

『好きです。』
ただその一言で世界が広がるなんて
君に出会わなかったら
気づかなかったんだよ。

玖瑠葉

特別賞

恋人の聖地へ君を連れて行く。
あなたが言った約束の地は宇多津町。

黒田るみ子

携帯が　赤く光ると　頬ピンク

穴吹知美

彼のベル　白雪姫も　目を覚ます

木戸亮介

桜道　キミに出逢い咲かせた想いもう3年
最後の舞いを強く受け止めて

カスタネット7番

仮初めの恋の朝過ぐ金木犀

南はるか

モノクロだったこの胸が
あなたの言葉で色づいてゆく
櫻井まゆ

はやぶさにもらった勇気
君の心へ飛んでいこう
田中克則

淡恋（あわこい）に　別れをつげし　春夜風
されど想いは　幾度と巡る
ぱぴよん

離れない二人で誓う雪の夜
空人

四国新聞社賞

君の笑顔の写真は僕の密かな休憩法　本城竜

Ｇパンで膝を揃える彼の前　紫敷布

鏡を見ながら髭を剃るあなたの姿が好き。
あなたが２人いるように見えて。
素敵なあなたを独り占めすることは無理だから、
あなたは世界に２人がちょうどいい。　三好明菜

やわらかき唇肌に記憶さす脳死判定下りたる君の　福島洋子

ほっこりとあなたのメールを読み返し
マフラーほどいて駆け出す
いちょうのじゅうたん

大空夕華

第5回　入賞作品

最優秀賞

メールして私の恋が空を飛ぶ

黒田るみ子

イラスト／木下 郁
（香川短期大学ビジュアルメディアデザインコース）

優秀賞

母さんは週に2回のデートと言う
花束持ってお墓まで
市來央子

あなたがいてくれる
それだけで幸せ
そう思えた3月11日
田中克則

蒼の色　闇夜に見える海ほたる
貴方と歩く白い砂浜
かおり

片思い　きっと天使が　さぼってる
みゃーも

ケータイに　恋の神さま　降りてきた

氷夏

特別賞

夏祭り。
露店で買った林檎飴。
君の何気ない一言
「一口ちょうだい」。
ただそれだけなのに
私の頬は林檎飴

玖瑠葉

玄関の　音で火を点け　彼を待つ
煮詰まりすぎた　クリームシチュー

香月

あなたが空を飛びたいのなら、
私はあなたの翼になりたい。
澄み渡るこの大空を、
あなたと一緒にどこまでも飛んでいきたい。

りのんぱ

大学で君の自転車をみつけると
僕の心臓が静かに騒ぎだす

たっくん

恋器（こいうつわ）　SからLに変えたけど
入り切らない　君への想い

よ〜そろ〜

改札で　時刻見る振り　君探す　　太田進

雨の匂い緑の匂い陽の匂い一番好きなあなたの匂い　　えむ

彼一途　恋にも欲しい　皆勤賞　　一途な恋

夜行バス　カーテン開けたら　君の町　　よしたい

手をつなぐ2人の影はさくらんぼ　　ひゅるりら

四国新聞社賞

ニヤケ顔　気づかれない様　すまし顔
あなたの前では　ポーカーフェイス
あいりす

帰り道　ずっと家までついてくる
あの三日月は　きっとキミだね
朝山ひでこ

電話機を汗ばみにぎる左手に私の恋が振動している
岩城加奈子

君の声　まるで素敵な　音楽だ
マイマイ

携帯の　カレの笑顔を抱いて寝る
蒼い朱鷺

第6回　入賞作品

最優秀賞

オリオンの話をやめてキスをして

待てない

イラスト／岡本 紗矢子
（香川短期大学ビジュアルメディアデザインコース）

優秀賞

指先で　画面をなぞる　恋心　　酒井具視

「好きです」の　メールを今夜　抱いて寝る　　良馬

天使たち　お願いだから　味方して　　マイマイ

一坪の　庭に季節を　眺めつつ

妻の髪切る　爪も切る　　神馬せつを

さりげなく　鞄を右手に　持ちかえる

君に握って　ほしい左手　　花風香

特別賞

強風に洗濯物がはためいてあなたのシャツに抱きしめられる

ゆう

寂しさは　たしかに君がいた証
あの窓際の二番目の席

徳永侑子

逢えぬなら　せめて真白き雪となり
あなたの肩に降りていきたい

小池真

君は月僕は太陽そして今ひとつになりぬ金環日食

瞑王院風雅

夕焼けは暴いてしまうなにもかも
僕の気持ちも君の気持ちも

えむ

入院した妻を見舞う。
まるで付き合い始めた頃のように、
照れながら「やあ」と言う。
いつものように「お帰り」と妻が言う。
我が家のような４１７号室の夕暮れ。

鼓吟

雨宿り　隣の君が　近すぎて
水たまりより　揺れてる心

足立有希

このひとと座れば春のまん中に

杉本浩平

四国新聞社賞

天の川 遠く離れて 暮らせども
心浮き立つ 瀬戸の大橋　　のんの

突然の　雨が縮めた　肩ふたつ　　酒井具視

プロポーズ　ここでするんだ　恋の聖地　　田中克則

鐘の音（ね）が　桜と共に　風に乗る　　まゆ

もう寝るとメールしたのに返事待ち　　プレ

第7回　入賞作品

最優秀賞

「あ」を打つと
「会いたい」「あなた」「愛してる」
私の気持ち
先回りして

ルーク

イラスト／原田 唯
（香川短期大学ビジュアルメディアデザインコース）

優秀賞

キャンパスの並木道から続く道今なお君と歩くしあわせ
さびしんぼう

二人しか　解けぬ知恵の輪　つなぎし手
中村公雄

会いたくて　どこでもドアが　ほしい夜
羊男

坂道を　あなたに向い　ペダル漕ぐ
会い・たい・会い・たい
強いリズムで
ベンジャミン

在りし日の父の背中を流すよに母は優しくお墓を洗う

黒田るみ子

特別賞

何歳（いくつ）でも「乙女」になれる　時が来る

むこう

朝顔を　浴衣に咲かせ駆けて来た
傾く君を両手で受ける

ピコタン

もぎたての　林檎をかじる　瞬間の
ためらいに似た　恋をしている

内気ガール

君としか重なり合わぬ貝になりたい　たかくらまさと

決めたんだ　東京五輪　君と見る　田中克則

「好きだよ」が　言えずに三周　観覧車　左利きの金属

君が住むただそれだけで好きな町　石川照夫

主婦だって　するんです恋　お米研ぐ　ひらめき子

紅葉狩り　私も染まった　あなた色　豆助

アラフォーにかけひきなんていらないの内角高め直球勝負
福島洋子

四国新聞社賞

モノクロの　写真の彼は　時を止め
鈴木恵美

寄り添って　半音上がる　君の声
西澤英司

ボルドーの　熟成された　深い色
銀婚式の　ワイングラスに
銀子

縁結び　出雲で祈り　君と会い
宇多津で育む　二人の愛

田中克則

海ホタルが導く恋の滑走路まっすぐ君に逢いに行きます

黒田るみ子

第8回　入賞作品

最優秀賞

逢いたくて　ただ逢いたくて　駆けてゆく
夜の高速
助手席に花

織田潤二

イラスト／一宮 加奈
（香川短期大学ビジュアルメディアデザインコース）

優秀賞

帰り道　拾った落ち葉の燃える赤
恋の予感をしおりに挟む
朝山ひでこ

雨宿り　二人の距離が　近くなる
コレステロール

喜寿過ぎて　妻に二度目の　プロポーズ
てんじょう

特別賞

ただそっと　あなたのそばに　いるという
変哲もない　大きなしあわせ
迦麟冬

彼の背に　とまったトンボも　恋敵
九（いちじく）

讃岐弁　貴方のうつり　標準語
なのに気持ちは「好きやけん」
すぎはら

あなたの手触れる勇気がまだなくて影法師だけそっとかさねた
さびしんぼう

すくすくと　スマホの中で　恋育て

働き蜂ちえちゃん

パパの手を　母娘で争う散歩道
あなたはやさしく両手差し出す

わこさん

世界地図　そんなに眺めて　どうしたの
君の居場所は　僕の隣だ

田中克則

大空を独り占めして告げる愛

いしざわこーど

呼びかける　わたしの「ねぇ」に返事する
あなたの「ん？」は陽だまりのよう

夏の空

広辞苑　開いて恋の　意味知れど
行方は読めぬ　恋のなりゆき

K・U

四国新聞社賞

スカートの白線のゆれにときめきつフォークダンスの君は十七

渡辺健一

コスモスの揺れてあなたに下の名を呼び捨てにされ少しはにかむ

じゅんこ

好きなのに　好きと言えない古女房
寝顔見ながら眠る幸せ

古妻

今だけは　世界にきみとふたりきり
時間をとめて大観覧車

めぐる

電車から　あなたを探す帰り道
似た背格好　息を止め

ゆうママ

香川短期大学賞

頬を染め　打ち上げ花火に　消えた声
今も知らない　あのときの答え

シリウス

こっそりと　誰にも内緒で　触れていた
あなたの指に　どきどきしてた

ゆいみ

目が合って　ふっと思わず目を逸らす
なんだか少し　気恥ずかしい

横田杏奈

肩を寄せ　歩く二人を　照らす月

ムーン

第9回　入賞作品

最優秀賞

憎らしい　君を連れ去る　終電車

木皮希果

イラスト／大岡 由依
（香川短期大学ビジュアルメディアデザインコース）

優秀賞

二人から　四人になってまたふたり
新婚だねと　クスッと笑う

ゆずママ

帰り道　あなたの押してる　自転車に
隣をとられ　小さな嫉妬

スギハラ

手をつなぎ　杖の代わりと　妻照れる
どこまで続く　恋の細道

てんじょう

特別賞

繋いだ手　また会う日まで　おあずけで
空いた右手を　スマホで埋める　あやの

「すき、きらい」たんぽぽの花びら空に飛ばせば
春風に舞う黄色のハート　ふーみん

門限を　守る彼氏に　父が惚れ　明太子

好きですと　覚えたインコを　プレゼント　九（いちじく）

寒いねと二人の距離を近付ける缶のコーヒー夜の公園　田中絵美

ずぶ濡れの　ボクを待ってた　赤い傘
良馬

青空とおまえ背にして疾走（はし）る夏
バイクはめざす岬のチャペル
城門るゐ

小説の　ラストシーンに　挟み込む
栞に書いた　愛の告白
酒井具視

調味料みたいな恋の『さしすせそ』
咲いて、幸せ、好きだから、
背伸びしないで、そばにいて。
琴音翼

「ありがとう」　その一言が　聞きたくて
居眠り横目に　黒板写す　　　のん

四国新聞社賞

軽率に訊けぬ戦時の祖母の恋　　　けい

部屋の灯りが　やけに暗く感じる　妻の留守　　　清詩薫

彼の靴　わたしの隣へ　並べ替え　　　九（いちじく）

「こっちおいで」
そのひと言が　聞きたくて
わざと離れる　1・5メートル

まいぽん

この耳は　キラキラ光る　ピアスより
想いささやく　その声が好き

ベンジャミン

香川短期大学賞

少しでも　いい香りする　ボディソープ
探し求めて　行くドラッグストア

角森玲子

見かけても　素知らぬふりで　すれ違い
後でこっそり　振り向く二人
シエル

辛い時　実感するよ　すぐ治る
君のメールの　魔法は確か
さきたや

「おやすみ」の　4文字でさえ　宝物
ぼんやり光る　液晶画面
愛しく見つめ　眠りにつく
はるか

たくさんの話したいことあったのに
抱きしめられて真っ白になる
今は言葉はいらない
がづごん

第10回　入賞作品

最優秀賞

地下鉄の　出口で恋と　ぶつかった

石関恵子

第10回優秀作品歌碑 ▶

最優秀賞、優秀賞作品歌碑は宇多津駅と恋人の聖地を結ぶ通りに設置されています。

▼ 宇多津町　恋人の聖地モニュメント

優秀賞

カラフルな金平糖に似てる恋
つんつんしていてそれでも甘い

蒼空

初めての　フェリーで今から　向かいます
あなたの街の　あなたのところ

す

放課後の　夕陽射し込む　下駄箱で
オレンジ色に　光る恋文

酒井具視

特別賞

今日こそは恋のささやき聞けそうな予感に白いイヤリングする
汐海岬

終電の君と別れて月を蹴る
やちん

告白は　まだかと月が　笑ってる
酒井具視

欲しい物？　彼のハートを　開ける鍵
はるやす

年なんて　関係ないよ　ひまわり笑う
れっくす

たいせつなたったひとりになりたいよ
雨の匂いが残るワイシャツ
えむ

君だけは　避けれぬ恋の　避雷針
酒井具視

どこまでも　走りたくなる　夏の恋
りのんぱ

「逢いたい」とメールがあった日の朝は洗いざらしのジーンズをはく
安樂カフカ

恋人の　聖地で歩む　海岸の
焼きつく夕陽　君と一緒に
流歩詩

四国新聞社賞

ラムネ飲み　昭和の恋を　懐かしむ
すずちゃん

クレッシェンド、
またクレッシェンド
木漏れ日を踏んで
あなたに会いに行くとき
えむ

心にズン！　ふるえて尋ねた　君の名は？
荒井良明

南方に　母の恋散り　目がうるむ
服部千鶴子

お化粧の時間ちょっぴり長くなり洗面台に気づかれた恋　汐海岬

香川短期大学賞

#（ハッシュタグ）　つけて拡散　この想い　田中克則

ママが好き　冷凍保存　できたらな　もものたねこ

「好き」と告げ　フラれて気まずくなるよりも
ふざけて笑う　今を選んだ　ちゃお

身長差　歩幅合わせる　初デート　土生洋子

風呂場から　娘の鼻歌　ふんふんと
楽しそうだね　恋しているの

安藤照子

#「平成相聞歌」10年の歩み

平成19年度（第1回）
香川県宇多津町が「恋人の聖地」に認定されたのを記念し、宇多津町と香川短期大学共催で「平成相聞歌～ケータイで恋の歌を～」事業開始。平成19年度文化庁「文化芸術による創造のまち」支援事業に認定される。2195作品の応募があった。

平成21年度（第3回）
文化庁の支援が終了し、宇多津町単独補助事業として開催する。

平成23年度（第5回）
応募サイトにパソコン対応画面を作成。
「平成相聞歌～メールで恋の歌を～」に名称を変更。

平成25年度（第7回）
携帯電話、スマートフォン、パソコンそれぞれに対応させた応募サイトにリニューアル。

平成26年度（第8回）
従来の賞に加えて香川短期大学学生の選考による香川短期大学賞を追加する。

平成28年度（第10回）
史上最多の6530作品の応募があった。
第10回を記念して授賞式とともに落合恵子氏による記念講演会「ラブレター♥2017」を開催。
「恋人たちの歌碑めぐり～幸せへのパスポート～」事業を開始。

あとがき

「平成相聞歌～メールで恋の歌を～」事業が10年間継続できたのは、何といっても企画にあります。企画を立案し、実施に尽力いただいた元香川短期大学教授・佐藤卓司先生に敬意を表しますとともに、心より御礼申し上げます。

また、多くの応募作品から秀逸な作品を選んでいただきました歴代選者の先生方、本書作成にあたり、ご助言いただいた歴代企画委員長及び香川短期大学地域交流センター松永昌代氏にも感謝申し上げます。

本書編纂の過程で、「恋」がこれほど豊潤な心と時間と言葉を生み出し、人々にエネルギーと輝きを与えることを、ある種の感動をもって確信致しました。

本書を手にすることで、読者の皆様の心がときめいていただければ幸いです。

平成相聞歌10周年記念作品集

ISBN 978-4-86387-091-8C0092

2017年11月25日　初版発行

企画・編集 ―― 若者が集う文化のまちうたづ実行委員会

発　行　所 ―― 株式会社　美巧社

〒760-0063　香川県高松市多賀町1-8-10

（電話）087-833-5811

印刷／製本 ―― 株式会社　美巧社

定価は表紙カバーに表示しております。